体育运动

冰壶 沙壶球

SHAHUQIU

BINGHU

主编 于 洋 管洪鑫
杨永峰 姜广义

走进**大自然**
走到阳光下
养成**体育锻炼**
好习惯

吉林出版集团股份有限公司 全国百佳图书出版单位

图书在版编目（CIP）数据

冰壶 沙壶球 / 于洋等主编.—长春：吉林出版集团
股份有限公司，2011.6（2024.1 重印）
ISBN 978-7-5463-5715-7

Ⅰ．①冰… Ⅱ．①于… Ⅲ．①掷冰壶—青年读物②球
类运动—青年读物 Ⅳ．①G862.6-49②G849.9-49

中国版本图书馆 CIP 数据核字（2011）第 117599 号

冰壶 沙壶球

主编 于洋　管洪鑫　杨永峰　姜广义

责任编辑 李婷婷

出版发行 吉林出版集团股份有限公司

印刷 三河市同力彩印有限公司

版次 2011 年 7 月第 1 版　2024 年 1 月第 9 次印刷

开本 787mm×1092mm 1/16　**印张** 10　**字数** 100 千

地址 吉林省长春市福祉大路 5788 号　**邮编** 130000

电话 0431-81629968

电子邮箱 11915286@qq.com

书号 ISBN 978-7-5463-5715-7

定价 45.80 元

目录 CONTENTS

目录 CONTENTS

目录 CONTENTS

冰壶

第一章 运动保护

"生命在于运动"，但是盲目、不科学的运动非但不能起到强身健体的作用，反而会给身体带来一定的伤害。只有掌握体育锻炼的一般性生理卫生知识，科学地进行体育锻炼，才能起到健身强体的作用。

第一节 生理卫生

青少年在进行体育运动时，除了应进行一般性的身体检查和必要的咨询外，还要注意培养运动兴趣和把握适当的运动强度。

 一、培养运动兴趣

在进行体育运动前，必须培养自己对体育运动的兴趣。培养兴趣的方法有很多，如观看体育比赛，与同学、朋友进行体育比赛等。有了浓厚的兴趣，就能自觉地投入体育运动之中，从而达到理想的体育锻炼效果。

二、把握运动强度

因为青少年进行体育运动，主要是在享受体育运动的过程中增强体质，提高健康水平，而不仅是为了创造运动成绩，所以运动强度不宜过大。控制运动强度最简单的办法是测定运动时的脉搏。对青少年来说，运动时的脉搏控制在每分钟 140 次左右较为合适。

第二节 运动前准备

运动前进行充分的准备活动，对于青少年来说是非常重要的。一些青少年体育运动爱好者，常常不重视运动前的准备活动，从而导致各种运动损伤，影响运动效果，也容易失去对体育运动的兴趣，甚至产生对体育运动的畏惧心理。因此，青少年在进行体育运动前，必须做好充分的准备活动。

一、准备活动的作用

运动前做好充分的准备活动能够对肌肉、内脏器官有很大的保护作用，同时还可以提前调节运动时的心理状态。

（一）提高肌肉温度，预防运动损伤

运动前进行一定强度的准备活动，不仅可以使肌肉内的代谢过程加强，温度增高，黏滞性下降，提高肌肉的收缩和舒张速度，增强肌力，同时还可以增加肌肉、韧带的弹性和伸展性，减少由于肌肉剧烈收缩而造成的运动损伤。

（二）提高内脏器官的功能水平

内脏器官的功能特点之一就是生理惰性较大，即当活动开始、肌肉发挥最大功能水平时，内脏器官并不能立刻进入

最佳活动状态。

（三）调节心理状态

　　青少年进行体育锻炼不仅是身体活动，而且也是心理活动。研究证明，心理活动在体育锻炼中起着非常重要的作用。体育锻炼前的准备活动，可以起到心理调节的作用，即接通各运动中枢间的神经联系，使大脑皮层处于最佳兴奋状态。

二、如何进行准备活动

　　一般来说，准备活动主要应考虑内容、时间和运动量等问题。

（一）内容

　　准备活动可分为一般准备活动和专项准备活动。一般准备活动主要是一些全身性的身体练习，如跑步、踢腿、弯腰等。一般准备活动的作用在于提高整体的代谢水平和大脑皮层的兴奋状态，减少运动损伤的发生。专项准备活动是指与所从事的体育锻炼内容相适应的动作练习。

　　下面介绍一套一般准备活动操，供青少年运动前使用。这套活动操主要包括头部运动、肩部运动、扩胸运动、体侧运动、体转运动、髋部运动和踢腿运动等。

1.头部运动

头部运动的动作方法（见图 1-2-1）是：

两手叉腰，两脚左右开立，做头部向前、向后、向左、向右以及绕环运动。

2.肩部运动

肩部运动的动作方法（见图 1-2-2）是：

手扶肩部，屈臂向前、向后绕环以及直臂绕环。

3.扩胸运动

扩胸运动的动作方法（见图 1-2-3）是：

屈臂向后振动及直臂向后振动。

4.体侧运动

体侧运动的动作方法（见图 1-2-4）是：

两脚左右开立，一手叉腰，另一臂上举并随上体向对侧振动。

5.体转运动

体转运动的动作方法（见图 1-2-5）是：

两脚左右开立，两臂体前屈，身体向左、向右有节奏地扭转。

6.髋部运动

髋部运动的动作方法（见图 1-2-6）是：

两脚左右开立，两手叉腰，髋关节放松，向左、向右各做 360°旋转。

7.踢腿运动

踢腿运动的动作方法（见图 1-2-7）是：

两臂上举后振，同时一腿向后半步，然后两臂下摆后振，同时向前上方踢腿。

图 1—2—1

图 1—2—2

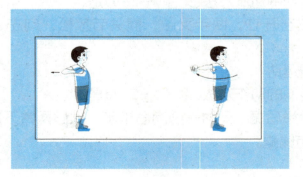

图 1—2—3

图 1—2—4

图 1—2—5

图 1—2—6

图 1-2-7

（二）时间和运动量

准备活动的时间和运动量随体育锻炼的内容和量而定，由于以健身为目的的体育运动量较小，因此准备活动的量也相对较小，时间也不宜过长，否则，还未进行体育锻炼身体就疲劳了。半小时的体育锻炼，准备活动时间一般以 10 分钟左右为宜。

第三节 运动后放松

进行剧烈的体育运动后，有些青少年习惯坐在地上，或是直接躺下来休息，认为这样可以快速消除疲劳。其实不然，这样做的结果不仅不能尽快地恢复身体功能，反而会对身体产生不良影响，正确的做法应该是运动后做一些整理活动，放松身体。

一、运动后整理活动的必要性

运动后的整理活动不但可以避免头晕等症状，还可以有效地消除疲劳。

(一)避免头晕

人体在停止运动后，如果停下来不动，或是坐下来休息，静脉血管失去了骨骼肌的节律性收缩，血液会由于受重力作用滞留在下肢静脉血管中，导致回心血量减少，心血输出量下降，造成暂时性脑缺血，出现头晕、眼前发黑等一系列症状，严重者甚至会出现休克。为了避免这些症状的发生，整理活动是非常必要的。

(二)消除疲劳

除了避免头晕等症状的发生，运动后的整理活动还可以改善血液循环状态，达到快速消除疲劳的目的。

二、放松方法

在运动后放松时，应注意以下几个问题：

(1)做一些放松跑、放松走等形式的下肢运动，促进下肢静脉血的回流，防止体育锻炼后心血输出量的过度下降；

(2)在下肢活动后进行上肢整理活动，右臂活动后做左臂的整

理活动，通过这种积极性休息，使身体功能得到尽快恢复；

（3）整理活动的量不要过大，否则整理活动又会引起新的疲劳；

（4）在进行整理活动时，应当保持心情舒畅、精神愉快的感觉。

第四节 恢复养护

人体在运动后，除采用休息和积极性体育手段加速身体功能的恢复外，还可以根据体育运动的特点，补充不同的营养物质，以尽快消除疲劳。

体育运动结束后，人体内会产生一种叫作乳酸的酸性物质，它的积累会造成肌体的疲劳，使恢复时间延长。所以，我们在体育运动后，应多补充一些碱性食物，如蔬菜、水果等，而动物性蛋白等肉类食品偏"酸"，在运动后的当天可适当减少摄入。

第二章 冰壶概述

　　冰壶运动又称冰上溜石，对参与者的力量、身体平衡感，以及动作的优雅性都有很高的要求，是一项综合性体育运动项目，近年来在我国发展迅速。

第一节 起源与发展

冰壶运动起源于 16 世纪的苏格兰地区，19 世纪至 20 世纪向世界各地广泛传播，以独特的魅力吸引着越来越多的运动爱好者。

一、起源

16 世纪初，苏格兰人喜欢在冰上进行一种类似地滚球的游戏，他们用光滑的鹅卵石在冰上击打，用马鬃制成的扫帚刷扫冰面，这就是冰壶运动的雏形。

1541 年 2 月，第一次冰壶比赛在苏格兰的格拉斯哥举行，参赛者是修道院的两位修道士。

1688 年，第一个冰壶俱乐部在苏格兰的金罗斯郡成立。

后来，冰壶运动从欧洲传到了北美洲。1807 年，加拿大成立了冰壶俱乐部。1830 年，美国也成立了冰壶俱乐部。

1838 年，苏格兰冰壶俱乐部制定了比赛规则。

二、发展

（一）国际冰壶运动

1924 年，冰壶运动首次以表演项目的形式在奥运会上亮相。

1955 年，冰壶运动传入亚洲地区，目前在日本、韩国等国家非常流行。

1959 年，首届苏格兰威士忌杯冰壶赛举行。1986 年，该赛事正式定名为世界冰壶赛。

20 世纪 60 年代，冰壶运动先后在北欧的瑞典、挪威、丹麦，以及德国、法国、意大利等国广泛开展。

1966 年，国际冰壶联合会成立。

1991 年，国际冰壶联合会改称世界冰壶联合会，并获得国际奥委会的承认。

1998 年，冰壶运动开始被列入冬奥会正式比赛项目。

目前，冰壶运动已发展到 50 多个国家和地区，其中已有 39 个国家和地区加入了世界冰壶联合会。

(二)中国冰壶运动

1995 年，中国引进了冰壶运动项目，并聘请日本和加拿大的冰壶运动专家先后举办培训班，提供相关器材和技术资料。

2000 年，中国成立冰壶运动队，开始了专业训练。此后，冰壶运动在中国发展迅速。中国冰壶运动队于 2002 年和 2003 年分别获得泛太平洋地区冰壶锦标赛男子、女子第五名，于 2004 年获得泛太平洋地区冰壶锦标赛男子第四名和女子第二名。

2006 年，泛太平洋地区青少年冰壶锦标赛在中国举行。

目前，国家体育总局冰上运动中心已把冰壶运动列为重点项目。

第二节 特点与价值

冰壶运动融趣味性和综合性于一体，是一项独特的体育项目，具有多方面的价值。

 一、特点

（一）趣味性强

冰壶是一种新兴的冰上运动，其独特、新奇的运动方式具有很强的趣味性。

（二）综合性强

冰壶运动具有速度缓慢、运动量适中等特点，不仅包括跑、掷等各项技术动作，还需要参与者设计和测算冰壶的行走路线，是一项综合性运动项目。

（三）配合性强

冰壶比赛讲究配合，掷壶队员和刷冰队员之间的默契配合是比赛制胜的法宝。

二、价值

(一)促进身心发展

冰壶运动的技巧性与游戏性适合青少年的生理特点和心理特点。经常参加这项运动，能够促进青少年的身心发展。

(二)改善身体状况

经常参加冰壶运动，能够锻炼上肢、下肢等身体部位的肌肉，调节中枢神经系统的功能，提高对身体的控制能力，全面改善身体状况。

(三)提高心理素质

冰壶运动对人的思维和反应能力要求很高，参与者在比赛过程中要机智、沉着、果断，这对提高人的心理素质具有良好的作用。

(四)愉悦身心

冰壶运动的技巧性强，战术运用变化无穷，趣味性浓，参与者在比赛过程中可以同时在身体上和精神上得到愉悦。

（五）培养团队精神

冰壶运动是一项讲究配合的运动项目，要想取得比赛胜利，掷壶队员和刷冰队员之间必须配合默契，这能很好地培养团队精神。

（六）促进交流

通过冰壶运动，参与者可以相互交流经验，切磋技艺，达到相互学习、共同提高、建立良好人际关系的目的。

第三章 冰壶场地、器材和装备

　　冰壶运动对场地和器材有很高的要求，而且，由于这项运动是在冰上进行的，装备必须保暖、防滑。

第一节 场地

冰壶运动的场地是一条平整的冰道。冰道的一端是本垒，另一端是营垒。

 一、规格

场地的规格要求（见图 3−1−1）是：

（1）冰道长 44.5 米、宽 4.32 米；

（2）冰道的一端是本垒，由 4 个同心圆组成，最外围圆的半径为 1.83 米；

（3）冰道的另一端是营垒，由 4 个半径分别为 0.15 米、0.61 米、1.22 米和 1.83 米的同心圆组成。

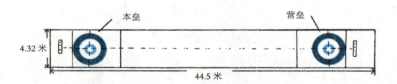

图 3−1−1

 二、设施

（一）起滑器（见图 3-1-2）

　　场地两端各装有一个起滑器，帮助队员起蹬滑行，对起滑器的要求是：

　　（1）用橡胶、轻金属或合成材料制成；

　　（2）位于距场地两侧圆心线 3.66 米处。

图 3-1-2

(二)围护墙(见图 3-1-3)

　　场地四周设有围护墙,主要为防止观众闯入赛场和队员摔倒时受伤。围护墙为木质,高5厘米、宽10厘米。

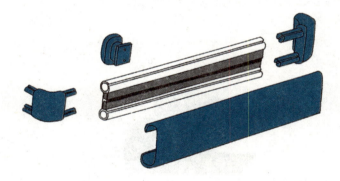

图 3-1-3

（三）场地标志（见图 3-1-4）

1.边线

边线位于场地四边，任何接触到边线的冰壶都被视为出局，应立即从场地中移开。

2.圆垒

冰道两端各有一个圆垒，由数个同心圆组成。

3.起滑器

起滑器位于场地边缘与圆垒之间，帮助队员起蹬滑行。

4.底线

冰道两边各有一条底线。冰壶掷出后，如果越过底线则视为无效，将被清出场外。

5.圆心线

掷壶时，若冰壶已通过本垒的圆心线，则不可重掷。冰壶掷出后，投掷方的刷冰队员可在冰壶通过营垒的圆心线之前进行刷冰；投掷方刷冰之后，对方有权进行刷冰，以使冰壶离开圆心。

6.栏线

掷壶时，队员必须在本垒端的栏线之前将冰壶离手。掷壶后，若冰壶未完全通过营垒端的栏线便停止，则此冰壶视为出局；若曾与场上的冰壶发生碰撞，则该冰壶无须完全通过栏线。

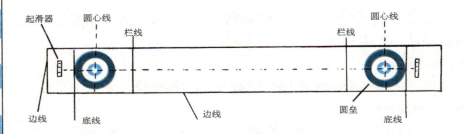

起滑器　　圆心线

栏线

圆心线

栏线

边线　　底线

边线

圆垒　　底线

图 3—1—4

🌀 三、要求 ✿✿✿✿✿✿

　　比赛开始前，要对冰面喷洒清水，使冰面出现细小的冰冻颗粒。

第二节 器材

从事冰壶运动的主要器材有冰壶和冰刷，辅助器材有码表。

一、冰壶

（一）规格

冰壶的规格要求（见图 3-2-1）是：

（1）冰壶呈圆壶状；

（2）冰壶直径 29.19 厘米，厚 11.4 厘米，重 19.95 千克；

（3）冰壶的上表面和下表面都是凹面；

（4）冰壶顶部安装有握柄，以便投掷；

（5）在环绕冰壶的带形中有一圈颜色更淡的小带形，这是"打击面"。

（二）材质

冰壶由特殊石材制成，通常为不含云母的苏格兰花岗石，一定要打磨得精细平滑。

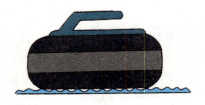

图 3-2-1

 二、冰刷

冰刷是冰壶运动中十分重要的器材，有以下两个功能：

（1）扫刷冰壶前进道路上的冰，可以让冰壶滑得更远或改变行进方向；

（2）帮助队员保持身体平衡和稳定（见图3-2-2）。

图 3-2-2

三、码表

码表是冰壶运动中的辅助工具，主要用于测量冰面的光滑程度，以便掷壶队员决定投掷的力度和角度。通过记录从冰壶投掷出手至到达下一个点的时间，就可以测出冰面的光滑程度。

第三节 装备

好的装备能够使运动者更好地完成各种技术动作，并能有效地防止运动伤害的发生。冰壶运动的装备有服装、鞋和手套等。

 一、服装

进行冰壶运动时，服装要舒适、宽松和保暖。正式比赛对服装没有具体要求，能区分不同队的队员即可（见图3-3-1）。

图 3-3-1

 二、鞋

进行冰壶运动时，一般选择专业用鞋，具体要求是：

（1）一只鞋的鞋底用金属材料制成，非常光滑，可以在整个脚面均匀地分配重量，使掷冰壶的位置稳定；

（2）另一只鞋的鞋底用橡胶制成，便于控制身体重心。

三、手套

在室外比赛时，手套既要保暖舒适，又不能太厚，以免妨碍队员做各种技术动作（见图 3-3-2）。在室内比赛时，一般不必戴手套。

图 3-3-2

第四章 冰壶基本技术

冰壶运动的基本技术简单易学，动作优雅大方，对队员的身体平衡能力有很高的要求。

第一节 投掷技术

冰壶运动的投掷技术与其他球类运动的投掷技术不同，是一种新型的投掷方法。

一、技术动作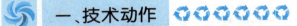

(一)滑行

从本垒开始拿起冰壶向后拖，以反冲姿势将其提离冰面，然后身体随冰壶一起向前滑行。滑行时，身体要贴近冰面，姿势要舒展。

(二)掷出

当滑行速度减慢时，将冰壶掷出，使其继续滑行，越过另一端的栏线。

 二、分解动作

　　投掷技术的分解动作(见图4-1-1)是:

　　(1)脚放置于起滑器上,用冰刷将冰壶底部清理干净,确保冰壶前进时不带杂物;

　　(2)前后移动冰壶,确定身体与冰壶瞄准目标位置;

　　(3)拇指向下,其余四指并拢,以虎口扣住冰壶握柄,转向10点钟或者2点钟方向,使冰壶在离手后转向投掷目标;

　　(4)身体置于冰壶后方,左脚置于体前正下方,右脚置于左边起滑器上,左脚控制投掷时的重心;

　　(5)右脚用力向后蹬出,向前滑行;

　　(6)以最舒适的方式掷出冰壶,控制冰壶的速度和力量,保持动作的稳定性和身体的平衡性;

　　(7)左手握住冰刷,伸向身体左后方,以保持身体平衡。

 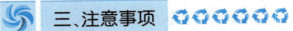

　　掷出冰壶的动作要干净利落，身体任何部位均不可超越栏线，力量要适度，力量太大或者太小会导致冰壶出界或者不过界。掷出冰壶之后，手最好呈与人握手状态。

图 4—1—1

第二节 刷冰技术

刷冰可以使冰壶滑得更远，也可以使冰壶略转向，而且，刷冰还可以清理冰壶滑行路线上的杂物。

 一、分解动作

刷冰技术的分解动作（见图 4-2-1）是：

（1）投掷队员将冰壶掷出后，两名刷冰队员分别站在冰壶两侧，必要时进行刷冰，直到冰壶停止滑行；

（2）刷冰队员要与冰壶始终保持一步远的距离；

（3）刷冰要以冰壶的正前方为主，因为冰壶只有底部中央的部位接触地面。

 二、注意事项

（1）两名刷冰队员一定要配合默契；

（2）冰刷不要接触到冰壶。

图 4-2-1

第三节　撞击技术

　　撞击技术是指将对方停留在营垒内的冰壶撞击出营垒的技术，包括直接撞击和间接撞击。

 一、直接撞击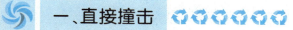

直接撞击是指，投掷冰壶直接撞击对方停留在营垒内的冰壶，将其撞击出有效得分区域。这是一种最简单的撞击技术，动作方法（见图 4-3-1）是：

（1）撞击角度由对方冰壶所处位置决定，如果对方冰壶靠近营垒中心，则撞击其正面，如果对方冰壶靠近营垒外侧，则撞击其靠近营垒中心的一侧；

（2）撞击过后，如果因撞击力度不够而造成冰壶滑行距离短或者角度偏差，刷冰队员就要根据具体情况通过刷冰来调整。

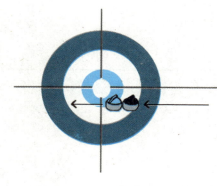

图 4-3-1

二、间接撞击

间接撞击是指，投掷冰壶撞击到一枚冰壶后转向撞击另一枚冰壶。这是一种最常见的撞击技术，可以利用一枚冰壶同时攻击对方两枚以上的冰壶，是一种极具效率的进攻方式，动作方法（见图4-3-2）是：

（1）投掷队员必须选择好撞击第一枚冰壶的角度和力度，并且在冰壶出手的同时加上一定的旋转；

（2）撞击后，如果因撞击力度不够而造成冰壶滑行距离短或者角度偏差，刷冰队员就要根据具体情况通过刷冰来调整。

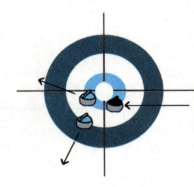

图4-3-2

第四节 训练方法

在进行冰壶运动的技术训练时，要遵循一定的训练方法，以便更快、更好地掌握技术动作，而且要穿戴好比赛时的装备，以免在比赛中因对装备不适应而导致动作不协调。

 一、投壶准确度练习

（一）动作方法

（1）在冰道一端的墙壁上画上若干不同位置的标记点，在另一端瞄准各个标记点进行投掷冰壶练习；

（2）开始时距离要近，随着撞击准确率的提高，不断增加距离。

（二）技术要求

力求从每个角度都能准确击中标记点。

二、蹬出动作练习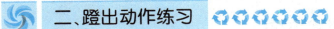

（一）动作方法

反复练习蹬出动作，找到适合自己的蹬踏方式和蹬踏力度。

（二）技术要求

（1）蹬出时仅用腿部发力，上身保持固定姿势不动；

（2）蹬出腿的膝盖、蹬起滑器的脚、持壶的手臂要与目标点呈一条直线。

三、滑行稳定性练习

（一）动作方法

1.双脚站立滑行

采取站立姿态，在冰面做助跑动作后，两脚前后开立，做短

距离滑行练习。

2.双脚蹲位滑行

在双脚站立滑行基础上，助跑后做短距离蹲位滑行练习。

3.单脚持壶滑行

在掌握基本滑行技巧后，穿戴好比赛装备，做标准的单脚持壶滑行练习。

（二）技术要求

（1）开始时滑行要缓慢平稳，不断提高对身体的控制能力和对目标点的掌握能力；

（2）逐渐加快滑行速度，动作要准且快；

（3）滑行过程中身体姿势不变，持壶手不要对冰壶施加压力。

四、协调能力练习

（一）动作方法

1.纵跳

两脚并拢，手自下向上直挥，同时向上跳。

2.前后跳

两脚并拢，两手前后自然摆动，两脚同时向前、向后跳。

3.侧跳

两脚并拢，两手紧靠于体侧，两脚同时向左、向右跳。

4.方形跳

在地上画一个边长为70厘米的正方形，两脚并拢，沿正方形的4条边进行跳跃。

5.转向跳

跳起后向左或向右转向180°，着地时用身体与两手维持平衡。

6.跳跃转向

方法同转向跳，但应以单脚起跳。

7.侧向交叉步

向左迈出左脚，右脚向左侧跟上，于身后同左脚呈交叉状，左脚再向左迈出，连续行走30米。也可以向右进行，方法相同。

8.手脚反向动作

单脚站立起跳，左脚起跳时两手向右摆动，右脚起跳时两手向左摆动。

9.站蹲撑立

先站立后蹲下，然后两手撑地，两脚向后，蹬直后再收回原地，最后站起。

（二）技术要求

全身肌肉要放松，动作要协调自然。

 五、柔韧性练习

（一）动作方法

1.仆步压腿练习

仆步压腿练习主要用来练习大腿内侧和髋关节的柔韧性，动作方法是：

（1）两脚左右开立，左腿屈膝全蹲，全脚掌着地，右腿挺膝伸直，脚尖内扣，尽量远伸；

（2）然后上体直起，将身体重心从左脚移至右脚，呈另一侧的仆步；

（3）可一手扶脚，另一手按另一膝，向下压振，也可两手分别抓住左右脚，做向下压振和左右移换身体重心的动作。

2.前俯腰练习

前俯腰练习主要用来练习腰部向前运动的能力和柔韧性，动作方法是：

（1）并步站立，两腿挺膝夹紧，两手十指交叉，两臂伸直上举，手心向上；

（2）然后上体弯腰前俯，两手心尽量向下贴紧地面，两膝挺直，髋关节收紧，腰背部充分伸展；

（3）两手松开，分别从脚两侧抱紧脚后跟，使胸部贴紧两腿，充分伸展腰背部，持续一定时间后再放松起立；

（4）还可以在两手触地时转腰，用两手心触及两脚外侧的地面，增大腰部伸展时左右转动的柔韧性。

（二）技术要求

（1）柔韧性练习比较枯燥，而且在初期会有疼痛感，所以练习时要有恒心、能吃苦；

（2）要注意好运动保护，不可勉强做自己无法完成的动作或做过大幅度的压腿和俯腰，以免造成拉伤。

六、力量发展练习

（一）动作方法

1. 提拉至胸

提拉至胸的动作方法是：

(1)将杠铃放置腰间，向上提拉至胸部；

(2)做 3 组，每组 4～5 次；

(3)提拉物重量为体重的 70%～80%。

2.抓举

抓举的动作方法是：

(1)将杠铃放置地上，抓举过头顶；

(2)做 3 组，每组 5～10 次；

(3)抓举物重量为体重的 60%～90%。

3.负重深蹲

负重深蹲的动作方法是：

(1)将杠铃扛于肩上，做深蹲；

(2)做 3 组，每组 5～10 次；

(3)负重物重量为体重的 60%～90%。

4.负重半蹲

负重半蹲的动作方法是：

(1)将杠铃扛于肩上，做半蹲；

(2)做 3 组，每组 5～10 次；

(3)负重物重量为体重的 60%～90%。

5.负重走

负重走的动作方法是：

(1)腿部捆绑沙袋行走；

(2)做 3 组，每组 5～15 步；

(3)负重物重量为体重的 20%～40%。

6.提踵

提踵的动作方法是：

（1）腿部捆绑沙袋，做提踵；

（2）做 4 组，每组 5～10 次；

（3）负重物重量为体重的 40％～60％。

（二）技术要求

（1）力量发展练习一般安排在其他练习之后，每次练习量不应过大，中间应穿插一些技术和协调能力练习；

（2）负重物重量在初期可以相应减轻，随着练习深度的加深逐步增加重量。

 ## 七、配合练习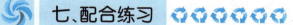

（一）动作方法

（1）分成 A、B 两组，A 组队员进行无规则的手势演练，B 组队员对 A 组队员演练的手势进行口述说明；

（2）规定特定的手势和动作，来表示对应的战术，队员一同进行学习。

（二）技术要求

（1）进行无规则手势演练时，手势动作应由浅入深，由简到难；

（2）特定手势所表达的战术意图一定要有隐蔽性和保密性。

第五章 冰壶基础战术

冰壶比赛的场上形势多变，比赛战术是由队长或者执行投掷和刷冰的队员在短时间内决定的，主要依据的就是场内己方与对方冰壶所处的位置。

第一节 战术思想与原则

战术思想是制订战术所依据的总的指导思想，战术原则是制订具体战术方案的准则，两者相辅相成，直接影响着战术的有效性。

 一、战术思想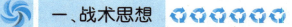

冰壶比赛的战术思想体现在以人为主、走位精准和配合默契等方面。

(一)以人为主

以人为主是指投掷队员排除干扰，不受场上灯光、音响以及对方的影响，积极施展自己的技术特长和打法，形成自己的战术和节奏。

(二)走位精准

走位精准是指投掷角度准确、撞击位置准确和停止位置准确。

（三）配合默契

冰壶是一项注重团队配合的运动，特别是投掷队员与刷冰队员之间要配合默契。刷冰队员必须充分领会投掷队员的意图，利用冰刷来调整冰壶在冰面上的运动。

 ## 二、战术原则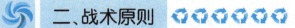

冰壶比赛的战术原则包括依靠技术和合理取舍等。

（一）依靠技术

战术以技术为基础，技术水平越高就越能出色地完成战术要求。比赛中的战术运用必须以充分发挥技术特长为前提，而且，只有技术全面，战术才能多样化。

（二）合理取舍

合理取舍是一名冰壶队员必须具备的素质，因为在比赛中经常出现需要自杀壶来破坏对方得分的情况，这时就必须精准地挑选需要舍弃的冰壶，为赢得整场比赛而放弃已经得到的分数。

第二节 根据投掷顺序安排战术

投掷顺序的不同直接影响到战术的安排，所以每一个球队都应该有两种最基本的战术安排，即先投掷战术和后投掷战术。

 一、先投掷战术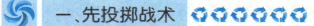

冰壶比赛以抛硬币的方式来决定投掷的先后顺序，输的一方先投掷。先投掷时应注意：

（1）第一枚冰壶最好掷到营垒前端，防止对方投掷的冰壶直接将己方冰壶撞出营垒；

（2）防守时，己方的几枚冰壶既要接近营垒又要有一定的分散性，防止对方利用一枚冰壶同时将己方多枚冰壶击出营垒；

（3）进攻时，既要把对方的冰壶击出营垒或使其远离营垒中心，还要保证己方冰壶能有效得分。

 二、后投掷战术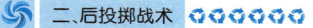

冰壶比赛中，后投掷的一方拥有一定的优势，可以在对方掷

出冰壶后直接进攻，比对方多一次进攻机会。后投掷时应注意：

（1）第一枚冰壶多以进攻为主，应由球队里技术水平最高的队员来完成；

（2）投掷第一枚冰壶时，要尽量把对方冰壶击离营垒圆心，并使己方冰壶挡住对方的第一枚冰壶，从而让对方难以把握进攻力度与角度；

（3）其他方面参照先投掷战术。

第三节 战术策略

冰壶比赛的战术运用要根据场上形势的变化而做出相应的调整，但要坚持基本的战术策略，包括挨近、击出和防守等。

一、挨近

挨近是指，掷出冰壶至一定位置，使之贴近营垒内原有的冰壶。

例如，顺着冰道掷出冰壶，在刷冰队员的帮助下使冰壶停留在营垒中心（见图 5-3-1）。

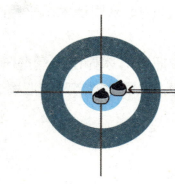

图 5-3-1

击出是指，掷出冰壶至一定位置，将对方营垒内的冰壶击出营垒。

例如，用己方的冰壶将得分区域内对方的冰壶击出（见图 5-3-2）。

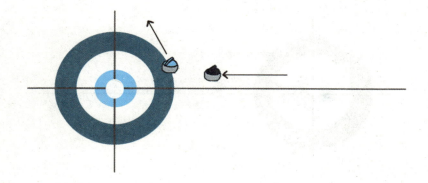

图 5-3-2

三、防守 ❤❤❤❤❤❤

　　防守是指，掷出冰壶至一定位置，以保护得分区域内的己方冰壶不被对方击出。

　　例如，己方掷出冰壶 B，正好挡在己方中心区域的冰壶 A 前面，防止冰壶 A 被对方冰壶 C 击出（见图 5-3-3）。

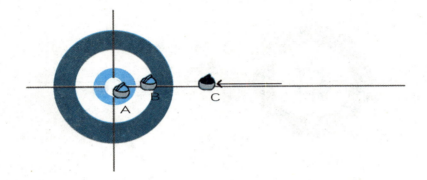

图 5-3-3

第四节 位置选择

比赛中根据战术目的的不同，投掷冰壶应选择不同的击壶角度，使冰壶停留在最佳位置，这将有利于把握比赛局势，取得比赛胜利。

一、吸引

吸引是指，将冰壶掷到中心位置附近，吸引对方击打，从而浪费对方一次掷壶机会，同时确保己方其他冰壶的安全。

（一）投掷角度（见图 5-4-1）

投掷角度一般在冰道中心。

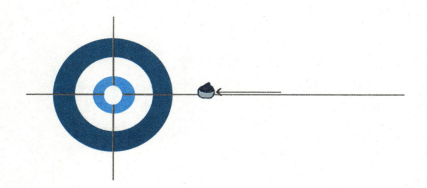

图 5-4-1

（二）停止位置（见图 5-4-2）

停止位置应接近营垒，最好是在营垒中心靠后的地方。

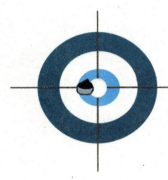

图 5-4-2

（三）注意事项

冰壶的停留位置一定要贴近圆心，而且要远离营垒内己方的其他冰壶。

二、冻结

冻结是指，将掷出的冰壶紧贴着营垒内对方冰壶的尾部，使对方无法破坏己方冰壶。

（一）投掷角度（见图 5-4-3）

投掷角度应正对营垒内的对方冰壶。

图 5-4-3

（二）停止位置（见图 5-4-4）

停止位置要贴近对方冰壶。

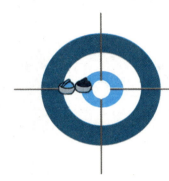

图 5-4-4

（三）注意事项

　　战术目的是阻挡对方已经得分的冰壶，并使己方冰壶的位置优于对方冰壶的位置，而不是将对方冰壶击出营垒，所以投掷力度不宜过大。

 ## 三、击出

击出是指，掷出的冰壶将对方冰壶击出营垒，同时己方冰壶也离开营垒。

（一）投掷角度（见图 5—4—5）

投掷角度应正对营垒内的对方冰壶。

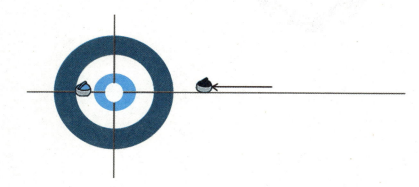

图 5—4—5

（二）撞击位置（见图 5-4-6）

撞击位置的选择取决于对方冰壶所在的位置，一般以对方冰壶的侧面为主。

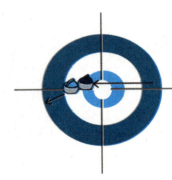

图 5-4-6

（三）注意事项

战术目的是将对方冰壶击出营垒，而不必顾及撞击后己方冰壶的位置，因此撞击力度越大越好。

四、击出并占位

击出并占位是指，掷出的冰壶击对方冰壶尾部，使之离开得分区域，并让己方冰壶占据此前对方所处位置。

(一)投掷角度(见图 5—4—7)

投掷角度要正对对方冰壶的尾部。

图 5—4—7

(二)撞击位置（见图 5-4-8）

撞击位置应在对方冰壶的尾部。

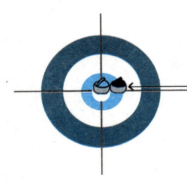

图 5-4-8

(三)注意事项

投掷力度要适中。力度过小，则无法将对方冰壶击出营垒；力度过大，则会使己方冰壶一同冲出营垒。

 五、击出并变线

击出并变线是指，掷出的冰壶击中对方冰壶侧翼，将其击出得分区域，同时利用此次撞击修正己方冰壶的滑行轨迹，使己方冰壶占据有利位置。

（一）投掷角度（见图 5-4-9）

投掷角度应对准对方冰壶靠近营垒中心的一侧。

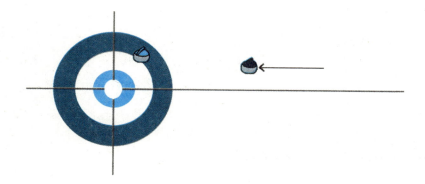

图 5-4-9

(二)撞击位置(见图 5-4-10)

撞击位置应在对方冰壶靠近营垒中心的一侧。

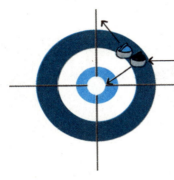

图 5-4-10

(三)最终位置(见图 5-4-11)

对方冰壶被击出得分区域,己方冰壶靠近营垒中心。

图 5-4-11

（四）注意事项

战术目的是撞击后变线，所以一定要使撞击后的己方冰壶运行到营垒中心附近的得分位置上。

六、保护

保护是指，投掷出的冰壶挡住对方可能的投掷路线，从而保

护己方处于有利位置的其他冰壶免受撞击。

（一）投掷角度（见图 5-4-12）

投掷角度正对己方营垒内的冰壶。

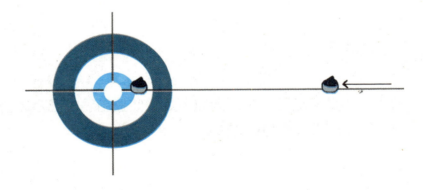

图 5-4-12

（二）停止位置（见图 5-4-13）

停止位置既要保护到己方冰壶，又不可进入营垒。

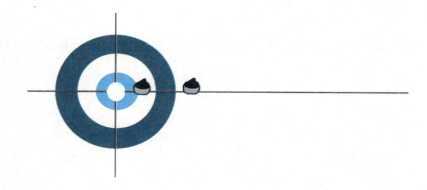

图 5-4-13

（三）注意事项

这种位置选择切忌用力过大，冰壶最终的停留位置一定不要在营垒内。

七、推动 🔹🔹🔹🔹🔹🔹

推动是指，用一枚冰壶撞击此前掷出的己方冰壶，使前一枚冰壶能够继续向前移动到营垒内。

(一)投掷角度(见图5-4-14)

投掷角度应在目标冰壶的正后方，以便撞击前后的运行轨迹是一条直线。

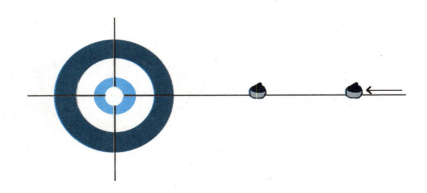

图 5-4-14

（二）撞击位置（见图 5—4—15）

撞击位置应在目标冰壶的后侧，以便撞击后使目标冰壶继续前进至有效得分区域。

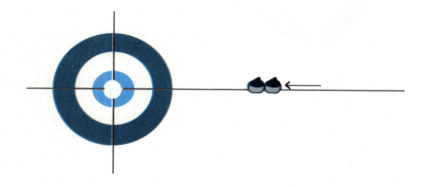

图 5—4—15

（三）停止位置（见图 5—4—16）

停止位置既要使目标冰壶进入营垒得分，又要使掷出的冰壶对目标冰壶起到保护作用。

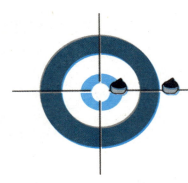

图 5—4—16

(四)注意事项

　　这种位置选择的目的在于得分并保护已经得分的冰壶，因此冰壶的停止位置一定要靠近圆心且远离己方其他冰壶。

 八、越过

越过是指，后掷出的冰壶以弧线的移动轨迹越过己方先前掷出的冰壶，并进入得分区域，使先前掷出的冰壶保护后掷出的冰壶。

（一）投掷角度（见图 5—4—17）

投掷角度比较特殊，一定要绕过己方已经位于冰道上的冰壶，使冰壶运行轨迹成为一个弧线，这样才能达到理想效果。

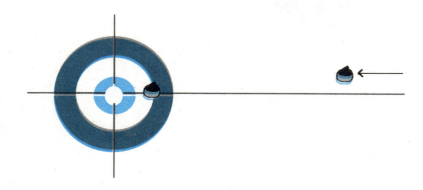

图 5—4—17

(二)越过位置(见图 5-4-18)

越过位置应在己方冰壶一侧的最近位置，以便达到最理想的效果。

图 5-4-18

(三)停止位置(见图5-4-19)

越过己方冰壶后，一定要与被越过的冰壶保持在一条直线上，使被越过的冰壶成为保护壶。

图 5—4—19

(四)注意事项

投掷角度要精确，投掷时要带有一定程度的内旋转。

第六章 冰壶比赛规则

　　冰壶比赛有着严格的规则，只有对比赛规则有了较好的了解和把握，才能更好地进行比赛，体会运动乐趣。

第一节 程序

冰壶的比赛程序十分严格，本节简要介绍冰壶的比赛方法和比赛流程。

一、比赛方法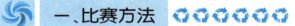

（一）队伍组成

冰壶比赛的各队由 5 名队员组成，其中有 1 名替补队员。

（二）比赛胜负

比赛一般打 10 局。每一局中，两队交替投完 16 枚壶后，营垒内距中心最近的壶的一方得分。10 局累计分数高的一方获胜。

如果出现平分，则可以判为平局。如果必须分出胜负，则可通过延长赛来决出。

（三）时间限制

一方掷冰壶时，另一方的计时器停止计时。每一方使用时间不得超过 75 分钟，超时方判负。

 二、比赛流程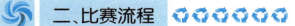

冰壶比赛的流程（见图 6-1-1）如下：

（1）比赛时，上场 4 名队员，其中一名为队长，队长除参加比赛外，还要指挥本队的技战术运用；

（2）双方共打 10 局，每局双方各掷 8 枚冰壶，每名队员各掷两枚；

（3）第一局的掷壶顺序通过猜硬币决定（猜错者先掷），其他局则由上一局的胜者先掷；

（4）假设双方为 A、B 两队，一局中，如果 A 队先掷壶，掷壶顺序是：A 队一投手投掷第一枚冰壶 —— B 队一投手投掷第一枚冰壶 ——A 队二投手投掷第二枚冰壶 —— B 队二投手投掷第二枚冰壶，依此类推；

（5）10 局比赛结束后，累计分数高的一方获胜。

图 6—1—1

第二节 裁判

　　裁判工作是引导比赛顺利进行的必要手段，所以裁判员应严格、公平、公正地做好裁判工作。

一、裁判员

　　比赛设有裁判员和首席裁判。裁判员负责监督比赛，负责解

决双方存在争议的问题。首席裁判应该聆听裁判员的意见并作出决断，其决断为最终决定，不可更改。

一局比赛结束后进行计分，方法是：

（1）所有未进入营垒的冰壶均不得分，只要冰壶接触到营垒外缘即认为其进入营垒；

（2）拥有位于营垒中、位置最接近营垒中心的冰壶的一方得分，另一方不得分；

（3）得分一方中，比对方任何一枚冰壶都更接近中心的冰壶可得1分，有几枚这样的冰壶就得几分；

（4）若双方冰壶均未能进入营垒或无法确定哪一方的冰壶更靠近中心，则称为"流局"，双方均不得分；

（5）10局结束后，累计得分最高的一方获胜。

（一）投掷违例

（1）违反预定的投掷顺序，则投掷无效；

（2）右手投掷的队员应该从中线左侧的起滑器上起动，左手投掷的队员应该从中线右侧的起滑器上起动，任何从错误的起滑器上起动投掷的冰壶都将立刻被清理出场地；

（3）向前跨步时如果超越栏线，则投掷无效；

（4）在裁判员发出投掷信号后，未能在 30 秒内掷出冰壶，此冰壶将立刻被清理出场地；

（5）一方在一局中连续掷出两枚冰壶，对方应移开误投冰壶，同时将因被误投冰壶碰撞而移动的冰壶恢复到原来的位置，然后继续比赛；

（6）一名队员在一局中掷出了 3 枚冰壶，此局将继续进行，该队第四名投掷队员在该局中只能投掷一枚冰壶；

（7）如果一名队员误投了对方冰壶，则要用己方冰壶放在对方冰壶的位置上来代替；

（8）若投掷队员在冰壶未抵达掷壶端栏线之前将冰壶掷出，对方可视该壶有效，也可视该壶出局，并将所有受该壶碰撞的冰壶放回原位。

（二）刷冰违例

（1）在两条圆心线之间，移动中的冰壶可由一名或多名该队队员刷冰，任何队员均不得为对方冰壶刷冰；

（2）在圆心线的后面，每队只能有一名队员刷冰；

（3）如果一方刷冰时触到己方冰壶，在此冰壶停止滑行后，对方可视该冰壶有效，或将该冰壶视为出局，并将所有受该冰壶碰撞的冰壶放回原位。

（三）其他情况

（1）使用所有增强能力的药品，无论出于有意还是无意，都是不允许的；

（2）各方参赛队员均不得在比赛区域中使用污辱性语言，违反者将被禁赛；

（3）参赛队员必须接受赛前、赛中、赛后的药物检测，药检一旦呈阳性，立刻禁止其参加后面的比赛，参赛队员拒绝参加药检，将被禁止参加后面的比赛。

沙壶球

第七章 沙壶球概述

　　沙壶球是一项时尚的球类运动，它在运动分类里的学名为桌掷球。在沙壶球比赛中，比赛双方运用各种技术动作和战术方法，为得到最多分而展开激烈的争夺，最后根据双方得分情况决定比赛的胜负。

第一节 起源与发展

沙壶球是一项十分高雅的运动，起源于 15 世纪英国宫廷贵族的推硬币游戏，在 19 世纪成为一项竞技休闲娱乐体育运动并遍及欧美各地，20 世纪风靡全球。

 一、起源

在 15 世纪初期的英国，人们喜欢在桌子上玩一种推硬币的游戏，这就是沙壶球运动的雏形。后来，这种游戏中的硬币被专用的沙壶球所取代。最初的沙壶球和沙壶球桌的做工都比较粗糙。

这种游戏传入美国后，一个橱柜制造商在为纽约的阔人家庭制造沙壶球桌时，加进了其制作橱柜时采用的精细镶嵌工艺，此后，沙壶球和沙壶球桌的制作工艺走上了精美化道路。

 二、发展

19 世纪末，沙壶球从最初的游戏演化成为一项竞技比赛和休闲娱乐运动，经媒体的大肆推广，一度受到人们的追捧。

20 世纪中期，沙壶球这一古老的运动开始焕发出新的活力，

并迅速普及开来。世界各地纷纷成立国家级和地方级的沙壶球协会。

到目前为止，国际性沙壶球比赛已经举办过多次，球迷遍及政界、商界、文艺界等各界人士。我国也在 2002 年举办了第一届沙壶球比赛。

沙壶球运动要求桌面应非常光滑、平整，耐磨性好。以前，沙壶球桌的桌面容易被划损，影响游戏质量，而且，球桌表面的保养费用远远大于购买球桌的费用。

随着现代科技的进步，一种经特殊工艺制作的、极具光滑性和耐磨性的涂层被应用于球桌表面，解决了桌面易被划损的技术难题，使沙壶球运动的普及又迈进了一大步。

沙壶球运动现已进入成熟发展的阶段，成为人们休闲娱乐的一种方式。

第二节 特点与价值

沙壶球运动传入我国后，受到广泛关注，成为继台球、保龄球之后的又一项新型的休闲娱乐运动。

一、特点

(一)简单易学

沙壶球运动简单易学，3分钟即可掌握基本技术，不需要长时间专业训练即可投入比赛。

(二)普及性

沙壶球的运动对象男女不限、老少皆宜，运动场地也不受限制，健身馆、俱乐部、小酒吧等皆可开展，是一项普及性很强的运动。

(三)综合性

沙壶球比赛中，既有策略和技巧的比拼，又有心理素质的较量，是一项综合性体育项目。

（四）趣味性

沙壶球比赛场面激烈，局势变幻莫测，胜负不可预料，玩起来备感刺激，具有很强的趣味性。

（五）形式多样

沙壶球作为一项休闲娱乐运动，比赛形式不拘泥于双方对抗，可以根据实际情况采取多人比赛的形式，如三人沙壶球、四人沙壶球、六人沙壶球等。

 # 二、价值

（一）促进身心发育

沙壶球运动的对抗性与游戏性适合青少年的生理和心理特点。经常参加沙壶球运动，能够全面促进青少年的身心发育。

（二）提高身体功能水平

经常参加沙壶球运动，能够使心肌变得发达有力，改善心血管系统功能，提高心脏工作效率，加快体内新陈代谢，提高整个身体功能水平。

（三）增强身体柔韧性

沙壶球运动的掷球动作能够使身体的各个部位和关节得到伸展，从而增强身体的柔韧性。

（四）锻炼心理素质

沙壶球比赛场面激烈，参赛者在错综复杂、变化多端的局势中要沉着冷静，做出正确的判断，稳定运用技术动作，这些对锻炼心理素质具有良好的作用。

（五）愉悦身心

沙壶球是一项休闲娱乐运动，人们可以利用节假日和亲朋好友进行沙壶球比赛，在运动中休闲，在休闲中娱乐，从而达到愉悦身心的目的。

（六）促进交流，增加友谊

通过沙壶球运动，人们可以相互交流经验，切磋球技，达到相互学习、共同提高、建立良好人际关系的目的。

第八章 沙壶球场地和器材

沙壶球运动场面激烈，具有很强的观赏性和竞技性，对场地和器材都有很高的要求。高质量的场地是沙壶球运动顺利开展的前提，而良好的器材是运动参与者发挥较高水平的必要保证。

第一节 场地

沙壶球是一项适于在室内进行的运动。不同的比赛形式所用的球桌也不同,常见的有直滑式沙壶球桌和反弹式沙壶球桌。

 一、直滑式沙壶球桌

直滑式沙壶球桌是目前最为普及的沙壶球桌型,也是正式比赛所采用的桌型(见图 8-1-1)。

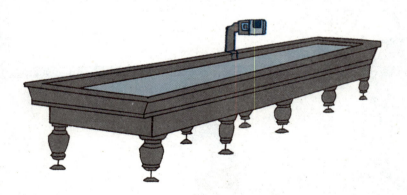

图 8-1-1

1.规格

直滑式沙壶球桌有 3 种规格，即长桌、中桌和短桌。这 3 种球桌的滑道宽度均为 0.5 米，离地高度均为 0.7 米，滑道长度分别为 6.3 米、4.2 米和 3 米（见图 8—1—2）。

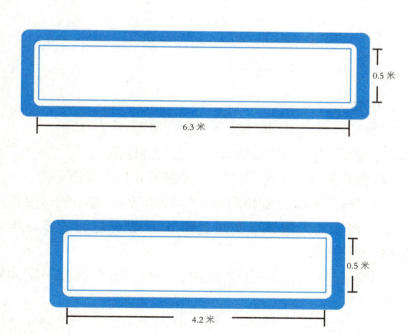

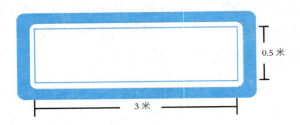

图 8-1-2

2.区域划分

直滑式沙壶球桌的区域划分标准(见图 8-1-3)是:

(1)滑道四周与桌架之间有 10 厘米的球槽;

(2)滑道上有 8 条平行的线,两端各 3 条,中间两条;

(3)中间两条线分别是有效球分界线(如果推出的球没有越过这条线,将作为无效球从滑道上拿下)和记分区分界线,两者构成区域为无分区;

(4)有效球分界线一侧为发球区,记分区分界线一侧为得分区;

(5)有效球分界线和记分区分界线可以互换,视球手位置而定,发球区和得分区也相应互换;

(6)记分区的 4 个区域由近及远依次为 1 分区、2 分区、3 分区和 4 分区;

（7）3 米球桌的有效球分界线和记分区分界线合为一条，称为记分区分界线。

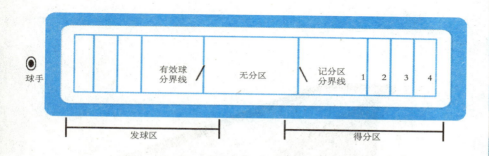

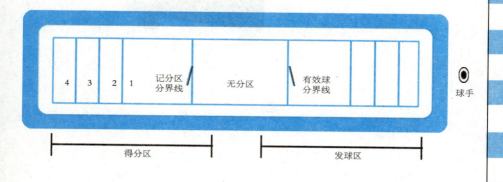

图 8—1—3

 二、反弹式沙壶球桌

反弹式沙壶球是沙壶球的一种娱乐性打法，其球桌的一端有类似台球桌的反弹垫（见图 8-1-4）。

图 8-1-4

1.规格

滑道规格一般为长 3 米、宽 1.05 米（见图 8-1-5）。

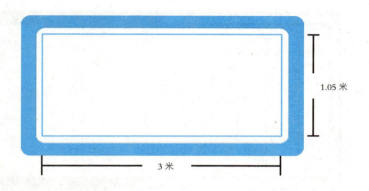

1.05 米

3 米

图 8-1-5

2.区域划分

反弹式沙壶球桌的反弹垫直接固定在桌架和滑道上。有反弹垫的一端没有球槽，没有反弹垫的一端在滑道和桌架之间有10厘米的球槽。区域划分标准（见图8-1-6）是：

（1）没有反弹垫的一端是发球区；

（2）没有反弹垫的一端也是得分区，其中有一个三角正负记分区；

（3）记分区由多个分值区组成，分值区由一些线和数字组成，滑道上所标数字表示这个分值区的分值；

（4）有反弹垫的一端有一条有效球分界线。

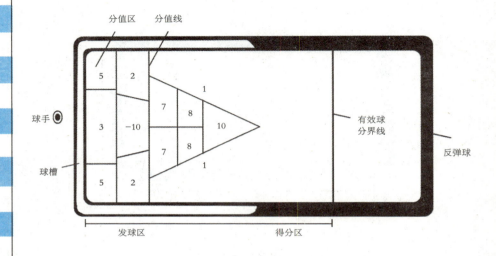

图 8-1-6

第二节 器材

　　器材的质量对沙壶球运动的效果影响很大，要想提高这项运动的欣赏性，就要选择好的运动器材。

 一、滑道

　　国际标准的沙壶球桌滑道长度为 6.3 米。国际认同的非标准尺寸还有 6 种：6 米、5.5 米、4.9 米、4.3 米、3.7 米和 2.7 米（见图 8-2-1）。

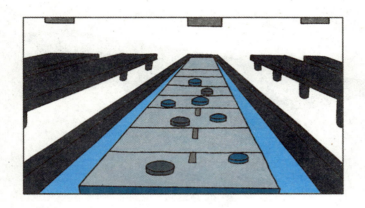

图 8-2-1

 二、台架

台架能够稳固支撑滑道并确保滑道处于水平面,从而保证沙壶球桌的力学性能。国际上流行的沙壶球桌台架一般采用五箱支撑结构,台架底端通常有 10 个可调整高度的金属支撑底脚(见图 8-2-2)。

图 8-2-2

沙壶球采用弧形底的比赛专用球，两组共 8 枚，规格标准（见图 8-2-3）是：

（1）球的直径为 5 厘米，高为 2 厘米，重量为 325 克；

（2）整个球体呈扁圆形，由球体和球盖两部分组成；

（3）球的底座由有光泽的金属制成，球盖由塑料制成，以红、蓝两种颜色区分比赛双方。

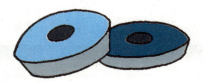

图 8－2－3

四、球沙

球沙是直径为 0.4 毫米的等径球形颗粒，分快、中、慢 3 种速沙（正式比赛采用中速沙）。比赛前用刮沙板刮掉旧沙，重铺新沙。

五、专用计分尺

专用计分尺为"T"字形，用于准确判断双方两枚球的先后位置。使用时将计分尺从正前方向两球平移，先动的球为胜方（见图 8－2－4）。

大于 5 厘米

大于 50 厘米

图 8—2—4

六、刮沙板

　　刮沙板是一块近似于滑道宽度的长方形木板。刮沙板上方的中间部分略宽并有凹槽，便于手拿，下方应有棉毡或毛刷，以防在与滑道接触时损坏滑道的涂层。

七、专用球沙回收器

　　专用球沙回收器是一个小功率的手持式吸尘器，具有以下作用：

　　(1)将球槽中的旧沙清理掉，以保证球桌清洁；

　　(2)将球槽中的球沙吸入吸尘器的储尘盒中，然后倒入一个不锈钢筛篮中，经筛篮筛过的干净球沙要倒入一个容器中以备再用。

第九章 沙壶球基本技术

沙壶球基本技术是沙壶球学习者应该首先要掌握的，包括基本术语、基本姿势、基本出球方法和出球技巧等。

第一节 基本术语

每项运动都有其基本术语，了解这些术语有助于各种技术动作的学习，也有助于比赛双方的准确交流。沙壶球运动的基本术语有：

(1)开球，是指一轮中打出的第一枚球；

(2)锤球，是指一轮中的最后一枚球，它是一轮竞技的决胜球；

(3)护球，是指使推出的球抵达自己领先球的后方，以设置保护障碍，从而使领先球免遭对方的攻击；

(4)埋球，是指受到很好保护的球，从而使对方无法将其直接击落；

(5)死球，是指未能越过第一条记分区边界线的球，推出正面颠倒朝下和落入球槽后又弹回桌面的球，以及在反弹式竞技中没有按约定回弹方式回弹，不再参与竞技的无效球；

(6)分球，是指彼此分开并尽可能位于相对的记分区两端角的球；

(7)旗球高手，是指擅长打出位于球桌远端高分位置的沙壶球高手；

(8)短球，是指刚好越过离出球球手较近的第一条记分区边界线的球；

(9)舰球，也称有效悬球，是指球被击出后悬于记分区底端上的球；

(10)框球，也称无效悬球，是指球被击出后悬于球桌两侧边线上的球。

第二节　基本姿势

基本姿势是一项运动的最基本动作，打沙壶球的基本姿势（见图9-2-1）是：

(1)右腿在前，左腿在后，两腿略屈，上身略前倾，右手拿球，右臂略屈；

(2)推球瞬间，全身重心由左腿向右腿移动，左脚虚着地，右臂前伸，右手将球送出；

(3)要整体送球而不只是右臂使劲，整个身体配合右手出球动作时应协调流畅；

(4)整体送球时，动作不可机械、僵硬，身体重心应流畅前进，不可过猛移动而造成身体摇晃，影响出球路线，也不可向前倾倒而使手掌接触滑道，破坏球沙的均匀；

(5)身体重心前移到右腿时应保持左腿轻点地面，不可每推一次球左腿就上抬一次。

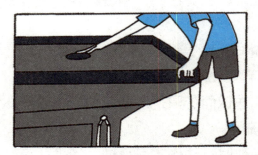

图 9－2－1

第三节 基本出球方法

在打沙壶球时，出球手法、球路设计、出球角度和力度，是影响打出球质量的重要因素。所以，在打球时一定要考虑这些因

 一、基本出球手法

素，争取打出好球。

沙壶球是一项主要依靠上肢手臂的运动，手臂与手指的协调用力可以很好地控制出球路线、用力大小等。基本出球手法（见图9-3-1）是：

（1）在球桌一端，身体与球桌呈直角，面朝球桌的另一端；

（2）轻轻地将球放到桌面上的发球区内，球光亮、平整的一面朝下；

（3）出球手的食指、中指和无名指伸平并轻放在球盖上，将不用的那只手置于背后或搭在球桌边缘，以保持身体平衡；

（4）瞄准目标位置，然后手臂和手腕向前运动将球滑出，身体适当地顺势随球送出；

（5）出球要尽可能放松，避免僵硬、急速或不连贯的动作，运用手指、腕关节及肩部动作的推力控制球滑行的距离；

（6）切勿投掷或拍击球，以免损坏球桌发球区光滑的特殊涂层。

图 9—3—1

二、设计出球线路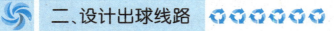

每一轮比赛只有 4 次出球机会，要珍惜每一次出球机会，想方设法将对方的高分球打掉，同时使自己的球停在高分区，还要设法阻挡对方球的前进路线。

（一）明确出球目的

在每推出一个球之前，一定要先明确出球目的。出球目的一般有以下几种：

(1)避开所有的球直达高分区；

(2)将对方的球击落的同时，使自己的球停在得分区内；

(3)将对方的球撞下球槽；

（4）给对方制造障碍。

（二）反复练习

练习时要有意识地逐渐提高以下能力：

（1）准确击打对方的球；

（2）掌握推球的力度和速度；

（3）控制球的行进路线。

 ## 三、出球的角度和力度

在沙壶球比赛中，经常需要击打对方的球和自己的球，这需要考虑出球的角度和力度问题。一般分正面击打和侧面击打，侧面击打又有不同角度的击打，这些都将直接影响击打球和被击打球的运动方向；而力度则影响它们碰撞后滑动的距离。因此在出球前，一定要先想一想自己所希望的两球碰撞后的停留位置，然后再分析一下路线，找出最佳撞击点和出球力度。

（一）正面击打（见图 9-3-2）

如果希望将对方的球撞出滑道并使自己的球停在高分区，一定要用正面击打。

正面击打时要注意控制出球力度。如果力度太大，在对方的球被撞下滑道的同时，自己的球也会随后落入球槽。如果力度太小，非但没有将对方的球击落，还有可能将对方本来停在低分区的球推向高分区，而且自己的球还会正好停留在对方被撞击球的正后方，成为对方的保护球。

所以，当技术水平有限时，一定要慎打正面击打球，宁可力度过大也勿过小。当然，如果使用的力度正合适，打出的球就既能将对方停在高分区的球击落，又能使自己的球停在高分区。

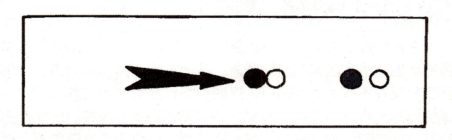

图 9-3-2

（二）侧面击打（见图 9-3-3）

侧面击打球也称侧击球，这种击球能使自己的球保留在滑道上的机会很小，往往在将对方的球撞击出滑道的同时，撞击的反

作用力会将自己的球反弹回来，并从滑道另一个侧面落入球槽。造成这一现象的原因是：滑道的宽度比较窄（只有 50 厘米），而侧击球和被撞击球的两个侧面相撞的结果是，两个球分别向球桌的两个侧边方向运动，很容易从侧边掉入球槽。

因此，侧击球一般的作用只是将对方的球击落，而且还要牺牲自己的一个球。但是在有的情况下，牺牲一个球是非常值得的，例如，当对方的两个球靠得比较近时，如果侧击球运用得当，可用一枚球将对方的两枚球同时击落。

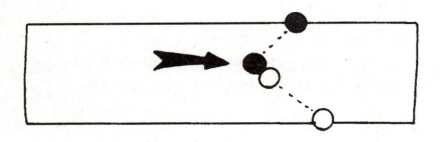

图 9-3-3

第四节 出球技巧

沙壶球是一项极具个性化的时尚运动，难易程度是可以人为控制的。要想将沙壶球打得出神入化，要想成为沙壶球高手，就

要特别重视沙壶球的出球技巧。常用的出球技巧包括直推式出球法、边推式出球法、旋转式出球法和角度出球法等。

 一、直推式出球法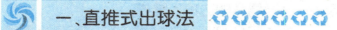

直推式出球法是一种简单易行的出球方法，沙壶球初学者经常采用这种方法。按照手与球接触的方式不同，直推式出球法可分为指推式直推和夹推式直推。

(一)指推式直推

指推式直推的动作方法(见图 9-4-1)是：
(1)将出球手的食指和中指伸平，并轻轻放在球盖的凹槽上；
(2)然后通过手臂和手腕的向前运动将球送向前方。

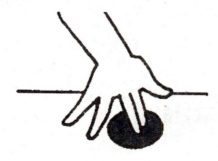

图 9-4-1

(二)夹推式直推

夹推式直推的动作方法(见图9-4-2)是:

(1)用出球手的拇指和食指轻稳地夹住球的两侧;

(2)然后通过手臂和手腕的动作将球送向前方。

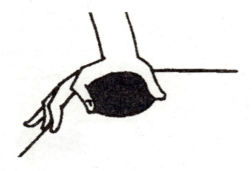

图 9-4-2

 ## 二、边推式出球法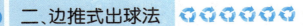

边推式出球法是贴着发球区滑道的侧边滑动,以实现引导和平衡的目的,使被推出的球容易控制,保证球的定位具有高度的精确性。边推式出球法包括拇指式边推和夹推式边推两种。

（一）拇指式边推

拇指式边推的动作方法（见图 9-4-3）是：

（1）将出球手的拇指置于球的中心圆凹上，其他手指贴着滑道侧边滑动，以作引导和平衡；

（2）然后通过手臂和手腕的向前运动将球送向前方。

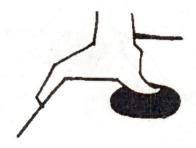

图 9-4-3

（二）夹推式边推

夹推式边推的动作方法（见图 9-4-4）是：

（1）用出球手的拇指和食指夹球，中指和无名指贴着滑道的侧边，以作引导和平衡；

（2）然后通过手臂和手腕的动作将球送向前方。

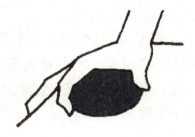

图 9-4-4

三、旋转式出球法

旋转式出球法也称英式旋转出球法，是沙壶球比赛中一种复杂而精确的出球手法，动作方法（见图9-4-5）是：

（1）用出球手的拇指和食指轻稳地夹住球，逆时针扭转手腕，使之向内旋转；

（2）在出球的一瞬间，顺势向身体外侧即顺时针方向轻轻旋转；

（3）在旋转的同时，用手臂及手腕的力量将球送出。

旋转式出球法可以大大增加被推出的球在碰到对方的球之后仍然保留在桌面上的机会。它的"刹车"作用可帮助球手将发出的球突然停到滑道上自己球的后方，为自己的领先球形成一道屏

障，保护其不再被击到。旋转式出球法的准确性可以使发出的球到达球桌最远端的高分位置，给对方球手造成压力或直接取胜。利用旋转式出球法还可以打出一种抛物线式的旋转球，可以绕过自己的球，而将后面对方的球打掉。

　　需要注意的是，有反弹垫的桌型不宜使用旋转出球法出球。因为凡是有反弹垫的沙壶球桌都需要球先通过撞击球桌边缘的反弹垫再回弹到记分区，而球在旋转时撞到反弹垫后，会发生不规则的偏转，使球手无法控制它的方向。

图 9—4—5

四、角度出球法

角度出球法是有反弹垫的沙壶球桌独有的一种出球法，动作方法同直推式出球法，但要注意以下几点：

（1）出球时要考虑撞到反弹垫后的回弹方向和力度；

（2）要学会从球桌的中央区用任何一只手出球；

（3）要学会从任何角度依靠自己的方向感和对球位的判断出球。

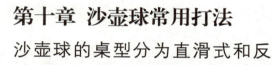

第十章 沙壶球常用打法

　　沙壶球的桌型分为直滑式和反弹式两种。不同的桌型有不同的形状、不同的记分区和不同的记分规则，所以基本打法也不相同。常用打法有双人直滑式、双人反弹式和多人直滑式等。

第一节 双人直滑式

双人直滑式是沙壶球比赛的标准方法，基本打法是：

（1）双方球手经过协商，选择球桌两端中的任意一端为发球区，球桌的另一端则为得分区；

（2）双方球手通过抛硬币方式决定开球方，由开球方先选择球的颜色；

（3）开球方球手先从球桌的一端发球区向球桌的另一端得分区推出他的第一枚球，然后退后一步让出发球区的站位空间；

（4）站在同一端的第二位球手向前一步，站在发球区的站位空间，以同样方式向得分区推出他的第一枚球，并根据战术设法将对方的球击落或超过对方的球，力争将球停在高分区；

（5）第二位球手推完球后同样退后一步，开球球手向前一步，再将他的第二枚球推向得分区，同样根据战术设法将对方的球击落或超过对方的球；

（6）双方如此交替出球，直至各自的 4 枚球全部推出，一轮比赛结束，计算分数；

（7）进行第二轮比赛，双方球手走到球桌另一端（这一端此时为发球区），以与第一轮完全相同的方式开始新一轮比赛；

（8）这一轮应该由上一轮的胜方先出球，如果在上一轮比赛中双方均未得分或平分，则这一轮的发球顺序应与上一轮相同；

（9）比赛按照上述方法持续进行，轮数没有限定，直至一方球手先达到或超过15分才为一局结束，先达到或超过15分的球手为本局的胜方；

（10）正式比赛中，个人赛一般采取15分淘汰制，团体赛则采取三局两胜制。

第二节 双人反弹式

反弹式沙壶球的娱乐性很强，想要打出高水平的球是很不容易的，因为球在撞击反弹垫时会改变方向。初学者要想学好反弹式沙壶球，一定要观察和体会用力的大小、球的运动方向和规律，并多加练习。

 一、基本打法

反弹式沙壶球多采用双人打法，基本打法是：

（1）双方球手站在球桌同一端，通过抛硬币方式或其他方式决定开球方，并由开球方选择球的颜色；

（2）开球手向球桌另一端推出他的第一枚球，努力使球在滑道上通过桌边反弹垫进入高分区；

（3）第二名球手接着以同样方式推出他的第一枚球，并通过

桌边反弹垫的回弹设法将对方的球击落或让自己的球直接进入高分区；

（4）双方球手如此交替出球，直至各自的 4 枚球全部推出，这一轮比赛结束，计算分数；

（5）进行下一轮比赛，双方球手仍在这一端以与第一轮完全相同的方式开始，上一轮比赛中后出球的球手先开球；

（6）比赛持续进行，轮数无限定，最后积满 51 分的球手为胜方；

（7）如果双方球手实力相当，同时超过 51 分，以高分者为胜方；

（8）如果出现两人分数相同，则应加赛一轮，总分最高者为胜方。

二、回球方式

反弹式沙壶球桌的一端三面有反弹垫，其中滑道正对记分区和发球区的反弹垫称为正垫，位于球桌两侧的反弹垫称为侧垫。球的回弹方式必须符合规定，按照球撞击反弹垫的顺序和回弹次数，分为单弹式、双弹式和三弹式 3 种。

（一）单弹式（见图 10-2-1）

单弹式是指，球手将球推向正垫，使球通过撞击正垫后直接弹回到得分区。

如果球推出后碰到了两边侧垫的任意一边，或者球在撞击正垫弹回后没有越过记分区分界线，那么这个球则被视为无效球。

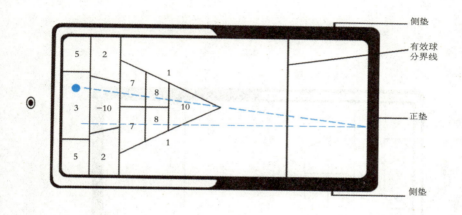

图 10-2-1

(二)双弹式(见图 10-2-2)

双弹式是指，球手推出的球必须先撞击球桌任意一边的侧垫，然后再经过正垫弹回得分区；也可以将球先撞击正垫，再经

过球桌两侧的任意一边的侧垫弹回得分区。

　　但是，球不得只击中侧垫或者只击中正垫，也不可以先后击中球桌两边的侧垫，而且弹回的球必须要越过记分区分界线，否则这个球被视为无效球。

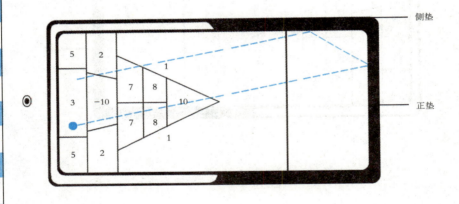

图 10-2-2

(三)三弹式(见图 10－2－3)

三弹式是指，球手推出的球必须先撞击球桌任意一边的侧垫，然后通过这个侧垫将球反弹到正垫，再经过正垫的反弹，撞击球桌的另一边侧垫，最后进入得分区。

如果推出的球没有将一个正垫和两个侧垫全部撞到，或者在球弹回后未能越过记分区分界线，那么这个球则被视为无效球。

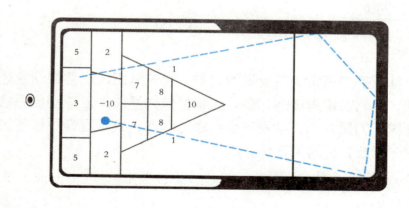

图 10－2－3

三、角度和力量

(一)角度

打反弹式沙壶球时一定要动脑，出球前要瞄准球的目标位置，可以通过目测，甚至借助计分尺或其他工具来计算角度，以找到最佳击球点。有些球桌的反弹垫上方印有间隔排列的视线标记，要善于运用这些标记计算球的运行路线。

(二)力量

推球的力量将决定反弹的力量，要先考虑球需要弹两次还是三次，然后决定推球的力量。如果推球力量过大，球回弹后会落入球槽，力量太小，则完不成指定的回弹次数或回弹后球不过记分区分界线，成为无效球。

第三节　多人直滑式

直滑式沙壶球在双人打法的基础上发展出了多人打法，包括三人直滑式、四人直滑式、六人直滑式和八人直滑式等。

一、三人直滑式

三人直滑式的打法（见图 10-3-1）是：

（1）通过抛硬币方式确定一人先暂时出局，由剩下的两人按双人打法进行第一轮比赛；

（2）第一轮比赛结束后，分出胜方和负方，负方出局，由上一轮暂时出局的第三人与第一轮的胜方开始下一轮比赛；

（3）比赛如此进行，每一轮都由负方出局，而由胜方和上一轮暂时出局的球手开始新一轮比赛；

（4）如果一轮比赛结束，双方均无分而无法分出胜负，该轮的两名球手将重新进行一轮比赛，直至分出胜负为止；

（5）比赛持续进行，当有一人积满 21 分后，这个人将成为冠军并停止比赛；

（6）剩下的两人继续比赛，直至有一人积满 21 分为止，这个人即为亚军；

（7）三人比赛需要三方分别记分，记分器难以承担此任，所以需要各自用笔和纸记分。

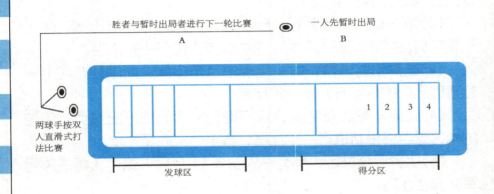

图 10-3-1

二、四人直滑式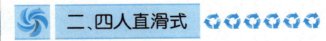

四人直滑式的打法（见图 10-3-2）是：

（1）先将 4 名球手分为甲组和乙组，将沙壶球桌两端规定为一个 A 端，一个 B 端，在 A 端有甲、乙两组的各一名球手甲 1、乙 1，在 B 端也有甲、乙两组的各一名球手甲 2、乙 2；

（2）用抛硬币方式决定先开球的组，组内自定先开球的球手；

（3）如果是从 A 端的球手甲 1 开球，那么这一轮就由站在 A 端的球手甲 1 和乙 1 按照双人直滑式打法进行比赛，而站在 B 端的球手甲 2 和乙 2 暂不参加这一轮比赛；

（4）一轮比赛结束后，按照双人直滑式记分规则与标准直线记分区来计算分数，将胜方的总得分记到记分器上，这时的胜方不代表个人而代表一组；

（5）新一轮比赛开始，A 端的球手甲 1 和乙 1 仍站在球桌 A 端，并不参与新一轮比赛，B 端的球手甲 2 和乙 2 开始下一轮比赛，上一轮的胜方组的球手先出球；

（6）比赛持续进行，A 端、B 端的球手交替代表甲组、乙组参加比赛，轮数无限定，直至其中一组积满 21 分为止，该组即为本局胜方。

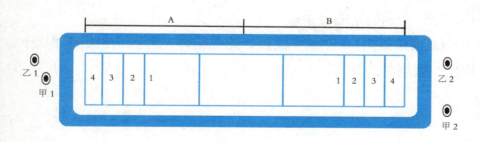

图 10-3-2

三、六人直滑式

六人直滑式的打法(见图10-3-3)是:

(1)6个人分成甲、乙两组,每组3人,甲组为甲1、甲2、甲3,乙组为乙1、乙2、乙3;

(2)每组先确定一人暂时出局,剩下两名球手,然后按照四人打法开始比赛,例如,甲3、乙3暂时出局,甲1、乙1站在A端,甲2、乙2站在B端;

(3)第一轮由A端的甲1、乙1比赛,负方暂时出局,由与负方同组的暂时出局的第三人替换上场,例如,甲1暂时出局,甲3上场,与乙1组成新的对手;

(4)第二轮由B端的甲2、乙2比赛,负方暂时出局,由与他同组的暂时出局的球手替换上场,例如,乙2暂时出局,乙3上场,与甲2组成新的对手;

(5)第三轮由A端球手比赛,如此循环,直到一组积满21分为止,该组即为胜方。

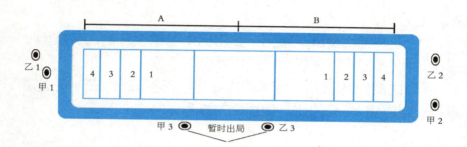

图 10-3-3

四、八人直滑式

八人直滑式的打法(见图 10-3-4)是:

(1)8 名球手被分成甲、乙两组,每组 4 人,甲组为甲 1、甲 2、甲 3、甲 4,乙组为乙 1、乙 2、乙 3、乙 4;

(2)按照与四人打法完全相同的方法开始,但每名球手只出 2 枚球;

（3）在球桌 A 端站 4 名球手甲 1、乙 1、甲 2、乙 2，B 端站甲 3、乙 3、甲 4、乙 4，球桌 A 端的 4 名球手按甲 1—乙 1—甲 2—乙 2 的顺序交替推出各自的 2 枚球；

（4）一轮结束，按照四人赛记分方法计算甲组、乙组得分，记入记分器；

（5）下一轮比赛从球桌另一端由另 4 名球手开始，并按甲 3—乙 3—甲 4—乙 4 的顺序交替推出各自的 2 枚球；

（6）比赛持续进行，球桌两端的球手轮流进行每一轮比赛，直至一组积满 21 分为止，该组即为胜方。

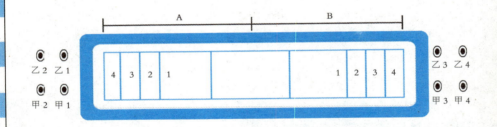

图 10-3-4

五、注意事项

在多人沙壶球比赛中，应注意以下事项：

（1）保持应有的礼貌和风度；

（2）在不推球时主动给推球球手留出足够的出球空间；

（3）按事先排列好的顺序按部就班地出球；

（4）计算分数时应由两组各出一名记分员，切不可互相拥挤碰撞。

第十一章 沙壶球比赛规则

比赛需要遵循一定的程序来开展，同时也需要必要的裁判工作来维持。合理的程序是比赛顺利进行的前提条件，正确、合理的裁判工作是比赛公平、公正的基本保障。了解比赛规则，能够使观众更全面、更深入地欣赏比赛，同时也能使运动员游刃有余地进行比赛。

第一节 程序

沙壶球运动是一项在室内进行的高雅的体育项目,有着严格的比赛程序。

 一、直滑式

直滑式沙壶球的比赛程序是:

(1)双方选定球桌的任一端,以掷硬币方式决定开球手及所用球的颜色(假定开球手选定红色球);

(2)开球手将红色1号球推向球桌另一端,争取使球停在桌端的高分区;

(3)对方的一位球手将蓝色1号球也推向球桌另一端,可根据战术判定,将对方红球击落或使蓝球超过红球;

(4)双方轮流将自己的2号、3号、4号球依次推向球桌另一端;

(5)双方的8枚球全部推完,一轮比赛结束,计算得分并记入记分器;

(6)双方走到球桌另一端开始下一轮比赛,上一轮胜方先开

球；

（7）轮数无限定，当一方分数积满 15 分时，一局比赛结束。

二、反弹式

反弹式沙壶球与直滑式沙壶球的区别主要体现在推球方式、出球位置、记分区、记分方式和每局分值等方面。

1.推球方式

直滑式沙壶球的球桌没有反弹垫，将球直接推向滑道另一端的记分区即可；反弹式沙壶球的球桌有反弹垫，必须将球先经过反弹垫反弹回来，然后再滑向记分区。

2.出球位置

直滑式沙壶球的双方球手先站在沙壶球桌的任意一端出球，下一轮要同时走到沙壶球桌的另一端出球；反弹式沙壶球的双方球手永远都站在没有反弹垫的一端出球。

3.记分区

直滑式沙壶球使用的是标准直线记分区；反弹式沙壶球使用的是三角正负记分区。

4.记分方式

直滑式沙壶球一轮结束后只有球在最前面的一方为胜方，胜

方得分而负方不得分；反弹式沙壶球一轮结束后双方球手不分胜负都得分。

5.每局分值

直滑式沙壶球一局为 15 分；反弹式沙壶球一局为 51 分。

第二节 裁判

对比赛而言，裁判员合理的裁判工作是比赛顺利进行的保证；对运动员个人而言，了解和掌握裁判规则能够使自己充分发挥技战术水平。

一、裁判员

（一）比赛前

1.赛前分析

比赛前，裁判员、副裁判员要分析比赛中可能出现的情况，做好充分的思想准备。

2.准备物品

在出发到比赛场地之前，要准备好下列物品：球台、台架、沙壶球、球沙、专用计分尺等。

3.检查场地

每次比赛开始前，由裁判员统一组织检查场地。

4.准备入场

球手应在报到处集合，由裁判员统一指挥并带入场地。

（二）进场后

1.介绍球手

入场后，在球台前排成一列横队，介绍球手。然后双方球手握手，再与裁判员握手。

2.进行练球

让球手熟悉比赛环境，观察球手，思考裁判过程中可能出现的问题，进一步做好思想准备。

3.宣布比赛开始

裁判员示意停止练习，宣布比赛开始。

4.比赛中判断胜负

比赛进行中，裁判员实行公正判罚，并最终判断胜负。

（三）比赛后

1.宣布分数

比赛结束退场后，裁判员宣布分数并在记分表上签字，将记

分表及时分送双方球手和记录组。

2.清点器材

比赛结束后，裁判员应清点赛前准备好的物品，并收回公众用具。

3.赛后小结

比赛后，裁判员应及时进行小结，总结存在的问题，以便不断提高裁判水平。

二、记分

（一）直滑式沙壶球

1.标准直线记分区

标准直线记分区是由 3 条分区线、4 个分值区和 4 个阿拉伯数字组成，具体分区（见图 11-2-1）如下：

（1）记分区分界线与 1 分线之间是 1 分区，分值为 1 分；

（2）1 分线和 2 分线之间是 2 分区，分值为 2 分；

（3）2 分线与 3 分线之间是 3 分区，分值为 3 分；

（4）3 分线与滑道的顶端之间是 4 分区，分值为 4 分；

（5）在 4 个分区中，1 分区的面积最大，2 分区、3 分区和 4 分区的面积相同。

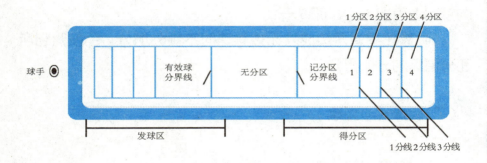

图 11-2-1

2.分值计算

直滑式沙壶球一轮比赛结束后，按照记分规则，先确定双方球手哪一方为胜方，确定滑道上的哪些球为有效得分球，然后再按照以下方法来计算这些球的分值，汇总这些分值就成为这一轮胜方的总得分。

(1)球完全处于哪一分区即按照哪一分区的分值得分，比如，

球完全处于 2 分区时, 所得分数为 2 分;

（2）球在分值线上时, 则按这条分值线旁边的低分区的分值得分, 比如, 球压在 3 分线上, 3 分线的两边分别是 3 分区和 4 分区, 这个球所得分数为 3 分;

（3）球在得分区的滑道一端成为有效悬球, 应在最高分 4 分的基础上再加 1 分, 即 5 分;

（4）球在滑道两边成为无效悬球时不额外加分, 仍按照它所在分值区的分值得分。

（二）反弹式沙壶球

1. 三角正负记分区

反弹式沙壶球使用的三角正负记分区比较复杂, 是由 11 条分值线、12 个分值区和 13 个阿拉伯数字组成, 具体分区方法（见图 11-2-2）是:

（1）三角形顶端的分值区为 10 分区, 面积最小;

（2）8 分区、7 分区、2 分区和 5 分区分别有两个, 对称排列;

（3）两个 5 分区之间有 1 个 3 分区, 两个 2 分区之间有一个梯形 -10 分区, 面积较大。

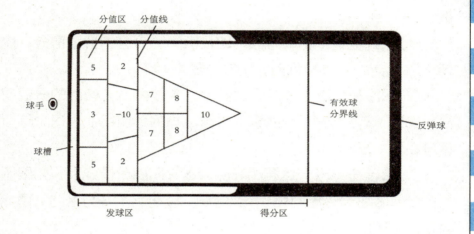

图 11-2-2

2.分值计算

反弹式沙壶球一轮比赛结束后，按照记分规则，先确定滑道

上哪些球为有效得分球，然后按照以下方法来分别计算双方球手有效得分球的分值，相加这些分值就成为双方球手在一轮中的总得分。

（1）球完全处于哪一分区，即按照哪一分区的分值得分，比如，球完全处在 10 分区时，所得分数为 10 分；

（2）球压在分区之间的分值线上，则按照低分区内的分值得分，比如，球压在 10 分区和 1 分区之间的分值线上，这个球所得分数为 1 分；

（3）球压在 -10 分区和相邻的分区之间的分值线上，如果压两个分值区则记高分，例如，球压在 -10 分区和 3 分区的分值线上，这个球得 3 分；

（4）球压在 -10 分区和相邻的分区之间的分值线上，如果压三个分值区则记高于 -10 分的分值，例如，球压在 -10 分区、2 分区和 7 分区三个分区的分值线上，这个球得 2 分；

（5）球悬于得分区滑道一端成为有效悬球，则在原分值基础上额外再加 1 分，例如，悬在 3 分区的有效悬球得 4 分，悬在 5 分区的有效悬球得 6 分；

（6）球悬于滑道两边为无效悬球，不额外加分，仍保留原来的分值。

(三)记分举例

直滑式是正式比赛采用的打法。下面举例说明一局直滑式沙壶球比赛中的得分情况。

如图 11-2-3 所示,双方共打了 4 轮。第一轮白方得 0 分,黑方得 5 分;第二轮白方得 8 分,黑方得 0 分;第三轮白方得 0 分,黑方得 8 分;第四轮白方得 0 分,黑方得 2 分。白方总积分为 8 分,黑方总积分为 15 分,黑方获胜。

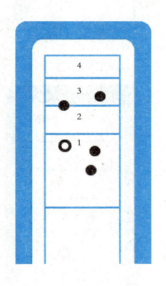

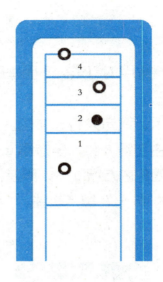

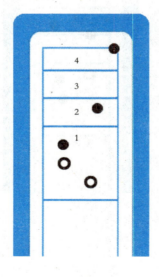

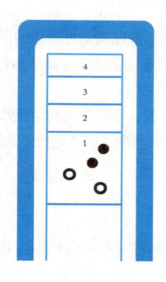

图 11－2－3

(四)球的判定

1.无效球判定

以下情形为无效球，应立即移离球桌：

(1)球推出后落入球槽的球；

(2)没有越过或压在记分区分界线上的球；

(3)被随后的球推回记分区分界线内的球；

(4)超过记分区分界线，但撞上其他球被弹回无分区的球。

2.有效悬球判定

用一枚沙壶球竖直紧贴滑道远端边侧，垂直从欲判定球的边缘轻轻划过，如球被撞动，则判定此球为有效悬球。

3.平行球判定

两球处于平行位置，用眼无法判定或双方出现意见分歧时，采用"T"字形计分尺判定。如计分尺无法判定时，两者均不得分。

 三、犯规及处罚

 (一)扣分

有以下犯规行为者将被扣除1分，即将犯规球手(队)的得分减去1分，该犯规球手(队)在下一轮比赛中必须先出球：

(1)出球时，球手身体超出球台两侧延长线；

(2)推球的手碰触桌面；

（3）在推球时，球手不用的那只手碰到发球区的桌面；

（4）在出球前、出球中及出球后，球手推球的手碰到发球区的桌面；

（5）出球球手发出的球未静止时，对方球手发球；

（6）在准备出球时，球手在发球区桌面的上方摩擦双手；

（7）在推球时，不推球的那只手握球；

（8）球手出球时，另一方球手将随后要推出的球握在手中；

（9）球手在对方发球时故意或无意做出干扰对方注意力的举动，如拍桌子、靠在桌子上、跺地板等；

（10）队友或对方出球时，其他球手触碰发球区桌面或桌边；

（11）团体赛中，球手在一轮比赛的全程越过离其最近的边界线。

（二）出示黄牌

球手在比赛过程中违反以下规定，裁判员可以进行警告，如第二次犯规可以出示黄牌，并给对方加 1 分，再犯可出示红牌并给对方加 2 分。

（1）针对判罚，以言行向裁判员、对方球手或观众做出不满

举动者；

  （2）对裁判员、对方球手或观众出言不逊者；

  （3）通过不正当的方法或行为影响裁判员判决者；

  （4）未经裁判员允许擅自离场者；

  （5）行为鲁莽者。

（三）取消比赛资格

  参赛队领队、教练或球手出现不正当的行为或进行扰乱时，应根据情节对其领队、教练或该队进行相应的制裁，情节严重者，裁判员可判对方获胜。